Jung Ha-Hae

시인 정하해

깜빡

정하해 시집

깜빡

Poetics 시학

■ 시인의 말

손바닥을 편다
무수한 손금들이 늪을 이루고 있다
그것은 나를 격정하는 또 다른 무기들일 것이다
수생식물처럼 거기서 여문
나를, 뚝 따서 후!
불었다
부디,
자연에 맛있게 바쳐지기를

2010년 11월
정하해

차 례

제1부

제2부

제3부

제1부

8월
— 옹골 시편

도대체 막중하여라

골을 딛고 선 그 칡꽃

이승에 놓인 음표들 같다

누가 8월을 저렇게 치는가

내 헌 뼈까지 스미는

칡꽃 몇 잎

적막히 형산강 들어서는 꽃 더미들

그러니까 저 한때를 기리느라

이맘때 강물은 식지 않고 더웠던 것이다

배추흰나비 발發

저 가만가만한 짓이 봄이라는 표시겠다

어떻게 온 것이면 어떠랴
산자락 아래서부터 물들어 가는 표정 그거면 되는 거지
사람의 하루가 소용돌이쳐 대는 동안

꽃들은 찰나를 거쳐 어느새 좌정해 앉을 것인데
당신을 내게 주던 그때처럼,
얼마나 큰 보시인가
우리들 생애, 빈 발우가 금시 고봉이 되는
참 숨 가쁜 일정이 되겠다

두서없는 묵정밭 위로, 너라는 것에 몸을 비벼 대는 잡풀들
그저 어렵지 않은 것끼리
반경을 오래도록 흔들어 놓는 일이
제 색깔에 대한 예불인 것 같아

봄날에 얹힌 그 심상찮은 내 색깔에게도

예를 갖추어야겠다는 생각을 한다

무궁화, 무궁화

아낙 몇이서 잡풀 뽑고 있다
무궁화 주둥이 하얗게 벌어진 꽃그늘 아래
앉은걸음 치는 엉덩이 피곤해 보인다
진딧물 한가득 들러붙어 꽃의 진액을 빠는지
거적처럼 둘러쓴 흰 꽃받침대가 야위어
시들하다
나도 저렇게 들러붙을 어머니가 있어 진액을 빨았던가
끝물에 태어나 암죽을 먹었다는데
홀쭉한 젖무덤 원망깨나 한, 못된 짓만 했다는데
어머니를 보내는 며칠 전 누운 등허리 속으로 손을 넣다 알았다
칠피처럼 말랐다는 것을
그 마른 속속들이 흰 종이꽃을 바치고는 내 죄의 탕감을
지금껏 빌고 있는데
땡볕에 들어나는 아낙의 등이 봉긋한 무덤 같아
대낮의 순간이 참 길다

기도는 그렇게 온다

물은 조용했다

굳이 알려고 하지 않아도 되는

한 종지 아득한 벼랑

나를 주저 없이 훑어 내는 만고의 기도처다

저 몹쓸 그리운 것 따위가 일으키는

빌어먹을 풍랑,

애써 숙여라 마음아

세작, 한 잔으로 온 우주가

혀 안에 들어온 이때

종점

사람을 끌어당기는 곳에는
꼭 번져 드는 색깔이 있게 마련이고
그것들은, 알처럼 일어
아무에게나 들러붙기도 한다, 그래서
더러는 못 견디게 뜨끔거리는 일이
생기는지 모를 일이다
요양원에서 한나절
내 힘의 두 배나 되는 사내를 달래
등을 씻었다 사람의
살이 그렇게 부드러운 질감이라는 거
알고는 있었지만, 나는
뱀 같은 손으로
용트림하는 그를 어르고 달래어 문질렀다
늑골, 쓸쓸하게 그어져
흩뿌려 놓은 듯한 점들과
곧 꼬리뼈까지 내달릴 것 같고
무자격인, 나는 그런 걸 다 보고 말았다
내게는 숨은 그 진경을,

아무튼 사내에게도 마음이었던
누군가가 그제는 있었으리라는 생각이
나를 골몰하게 한다
잘 닦인 놋그릇처럼 그의 등으로
내려앉는 빛들, 하여
폭풍우 속을 끌고 다니다 내려놓은 나를, 부수어
봐야
한 줌밖에 안 되는 것이
사실 부끄럽게 했다

불면증

철쭉 피었다
1월의 철쭉치고는 아주 붉다 그 안쪽 어디를 살펴봐도 흠은 없고
저것도 설치는 잠이면 생뚱맞게 다 낳아 버린다는 것 음!
3월엔 공회전만 하겠다

세상이 꺼지고, 그리 가까이 두고 싶은 당신이라는 거품도
도대체 기억나지 않게
무더기 하얗게 치근거리다 지쳐 가는

밤새도록 한 두릅 강을 사고
먼 아프리카 난민촌 들어가 여분의 살점을 기탁하고
고비사막에서 아침을,
선인장 목을 베어 한 컵의 목을 축였다

베란다 밖이 벌겋다

탓이다, 제 안에서 잠꼬대 늘어놓고 싶은, 눈 뜬 이의 간절함을 도둑질한
저 억하심정, 나는 단단히 삐쳐 있음으로
핀 것들을 추릴 수가 없다

클래식

얼마간 튕겨야 하나요, 지휘봉 끝에는 늘 선잠이 설핏해요

누구를 불어 본 적 있나요 골이 빠개지도록

오늘은 삐딱하게 음이 나가는 걸 보니 어느 뒤통수 또 불었나 봅니다

정확한 당신도 그랬던 적 있었을 거라 여깁니다

건반 위 까맣게 익은 씨앗 무슨 음인가요

전속력으로 달려오는 생을 연주하기에 뼈들이 단단해져야 한다는 거

그런데 어쩌죠 지금은 굉음만 납니다

보세요 저를 외우지 못한 악보가 지독하게 밑줄을 긋고 있는 걸요

나팔꽃 속으로 잠시 여행이나 갈까 합니다 가서 소리의 성대를 찾아

나의 맥을 치던 지엄한 혈을 찾아

음이 막힌 나를 둘러매고

글쎄 그런 일에도 지휘를 받아야 하는지 모르겠지만

원만한 타협이 현실적인 것만이 아닌 것처럼

저리 뻔뻔한 화음도 아름다운 구석이 있지 않던가요
어딘가 기막혀 금이 간 나를 고치면 곧 컴백할 거니까
흉허물은 그때 따지기로 해요

늙은 마을의 아이는

감잎 크자 열매 난다 그 크는 속의 이치를, 더는 이수할 수 없는 열매들은 알아서

떨어져 아이들처럼 감나무 아래서 논다, 그늘 밖으로 나가지 않고 종일 올망거리며

논다

뭣 하러 배 터지게 낳아 이름도 짓지 못 하는가

늙은 마을의 아이가 거기서 잠들었다 떨어진 열매들 품에서 곤히 잠들었다

아이 뺨이 그늘에 올려져 싱싱하다

어린 것들끼리 관심이 되어 주는 감나무 아래

바람도 방을 들였다, 여전히 늙은 마을의 아이는 잠을 잔다

아무것도 모른 채 살려고 잔다,

저 잠의 문을 따면 천 가지 무지개 쏟아지리라

오방색 흔들리어 늙어 가는 마을의 살을 붙들어 매는 신약처럼

푸른 리본

팔랑거리고 있다
여자아이들이 놀다간 곳임을 알겠다
제 주인을 기다리는 리본 위로
햇살 꽂혀 더 파랗다
낯설음인가 뚜렷한 저항을 드러내고 있다
관계라는 게 쉬이 엎어지는 일임을
또 알겠다
당신을 가꾸어 준 이름도
서로 완성하다
알아보지 못하도록 흔들리면
저럴 것이다
리본 근방이 파랗다
저것도 배경이라고 색을 꾸리고 있다
살면서 놓친 게 많아
그냥 지나쳐지지가 않는다

사진을 찍다가, 알아낸

첩첩한 철쭉꽃에게

그 곁을 핥는 바람에게

막 헤어져 구불거리는 샛강에게

일주문 위 낮달에게

시시때때 끌려다니는 이유 비로소 알았다

나는
저들에게 감쪽같이 채용을 당했던 거다

무임금의 나날
몸으로부터 너무 멀리 다녔다
낡고 찢어진 눈물
보수할 급여가 필요한데
천년을 무일푼인

내가, 내 안으로 들지 못하고
저 환한 민낯에 걸린
목이 아프다
세상은 지금 단청 중에 들어
모든 게 한 컷에 찍혀
함께라는 건
일파만파 울음 하나 보태는 것이었음을

오지

우수가 어제라고 분명 들었지 싶은데
그 말이 벌써 깜깜하다
장판에 누워 앞면과 뒷면을 지진다
엑스레이 찍는 것 같다
바람이 흔드는 유리창 너머
근방의 발자국 오는 데 하루 더 걸리는가 여전히 걷는 소리뿐
해가 알맞게 떴다
깔고 누운 지구 한쪽이 그래서 따뜻하다
초인종 울린다
시간으로 봐서 야쿠르트 아줌마인 게다
그녀 제복이 어느 공사판에 걸린 깃발처럼 노랗던가
위층에서 두들기는 건반 소리들
누구를 위하여라는 저 곡
가엾게도 너무 멀리 와 있어
그것마저도 놓치게 한다
뒤적이다 만 신문지 속에서 구물구물 기어 나오는 활자들

그 활자 뒤집어쓰고도 급할 게 없는
너라는, 등짝으로 풀 돋는다

그를 안다

— 선유도

덩어리 뚝뚝 꺼 놓았다
그걸 확인하러 그해 여름은 신중했고
바람의 복사뼈에서 나는 끈끈하다
서로 난간을 애무하는 너희들
기막힌 체위가 그때만은 아닌 듯
너희들이 잽싸게 스며들어
물컹거리는 이것은
바탕색이 없다 생애가 그렇지
들킨 내 남쪽이 한 뭍이다
너를 바라보는 억년 후의,
아무나 그리워하고, 그리고
비밀한 구석이 새는
그런 운김이 올라오는 일, 또 누군가를
급히 건너가라는 지시이거나
이런데 들면 불완전한 내 이목이
겁나게 들어나고
해가 쪼그려 앉은 명사십리
쓸쓸함이 반사되어 나부대는 저녁

꺼멓게 걷는 한 여자
데려가기가 쉽지 않다

형산별곡

죄 불러 보는 짓거리다
성한 데 없이 살을 붉히는 강은
기억만 고이는 눈알이었다
사람들은 그의 눈물이 되는 걸 싫어했다
그러나 그것은 아주 오래된
눈물의 비밀처였다
이름이 아픈 별 찾아 누군가의 삶에 내려놓기도 하는,
저 한 획의 숨소리
그러나 마땅히 져야 하는 일이
때로는 열화처럼
나를 다치게 하는 그쯤
적막히 쓰고 싶은 사람 하나 건사하지 못한
모든 게 그렇듯
강변 천천한 풍경으로 주저앉은
거기 맨드라미 같은 당신
풀꽃까지 아프게 하는지
너무 아프게 하는지

그 여름 판화

나무 아래 뒹구는 매미 잡았는데 미약한 음이 새나온다
울음인가 보다, 국화꽃잎에 얹어 주자 마지못해 짜내는 소리가
꽃잎 속으로 기어들어 가고 만다
생의 소임을 끝내고 닫히는 저 과정이 참으로 경건하게 한다
그가 달아올랐던
실로 울음으로 여름을 세웠던
마치 뜨거운 사랑이 지나간 후처럼
뒤가 우렁거리는
그런 그를
부감하고자 덤비는 지금, 너는 어디서 울었는가

구룡포 와서

사실 영덕이나 강구가 아닌 여기로 온 까닭은
대게 주산지라는 소문 때문이다
공판장에서 대게를 삶아 근처 식당에서 먹는 이곳만의 싸게 먹는 독특한 방법
있어, 나도 몇만 원 훨씬 아래인 칠천 원짜리 대게 몇 놈 흥정을 해 놓고
공판장 주인이 지명한 추레한 식당으로

가는 도중, 또 풀빵을 사려고
가격을 묻자 사내는 벽을 가리킨다 한 봉지 이천 원, 손가락으로
말하는 그는 농아였다 환부를 들켜야 하루치를 팔 수 있는
부듯가 이쁜 국화빵집

오만상 짖어야 소통이 되는 줄 알았었던 내 우레의 소리가 거기서
낯부끄럽게 한다

미친 채 짖는 파도도 그 가게 쪽은 너그럽게 돌보는 듯 설렁거리다 가고

익은 대게 다리를 빨며
말이 필요 없는 수화의 공간에 든 것 같은 묘한 일에 무심히 가하는 소리만
흡, 흡,

그러니까 말의 씨가 없어도 사는 풀빵 사내나, 대게 다리 속으로 말을
버리는 나나, 같다는 건
이 항구에서만의 일인 것임을 알겠다
초저녁까지 빙 둘러앉아 조는, 몇 송이 국화, 자태가 보이지 않을 때까지
한 척 머물러 주는 바다 일가다

애완동물원

나무들 일렬로 서서 천산북로가 왁자하다
저마다 잎을 송두리째 붉혀 두어

몰입이라는 말 괜히 해 보는 게
아닌가 보다
여름이 나가고 나면
왜 사람들은 나무 아래서 분분하는지

그즈음이면

거대한 사람동물원 같다
단풍의 군락지마다 사람들은 신간을 풀어내기 바쁘다
동으로 서로 허깨비처럼 돌다가
그러니까 유기되었다는 누구도 없이

사육당하는 무진장한 저 힘
나무들이 키우는 사람들로 이맘때면 우리가 빼곡하다

간다는 말없이

춘란春蘭이 갔다, 얼떨결에 피어

간략하게 떠난 그를 배웅할,
나는 없었다

며칠간 홍했던
그 심중으로

햇살이 엽서처럼 봉인된 채 꽂혔다
펼쳐 읽는다
따서 보낸 정情이 다감하게 노랗다
한입 털어 씹는다

어디에도 이별의 말은 씹히지 않는다, 그런 말은 없다
견디기로 해야겠다

돌아오지 않는 다리

비무장지대 한복판 판문점 있고 그 판문점에는 분명하게 걸쳐진 다리가 있지

풀들이 건너가 새끼를 치고
바람이 한 줌씩 건너가 피었다 돌아오는
보통 다리일 뿐이지
그러나 도저히 건널 수 없는 흑백의 여생들도 부지기수지

사람의 내부에도 저런 비무장지대가 있다고 한다

엑스레이 상으로도 나타나지 않는 저 숨은 다리 그리고 광활한 터
그것을 활용하는 것 또한 관계된 자의 일
서로 접사되어 우거지다가
다리 건너 몇 개의 손목을 잡다가
몰래 건너거나
합의하에 건너거나

이생에서는 어쩔 수 없이 건너야 하는 예외가 있다고들 하지
가는 이의 등골에서 나오는 하직의 실루엣
슬프다는 말조차 성립이 안 되는,
결국 다리 너머에는 버려진 사랑과 찢어진 포옹과 엑스레이 속의 검은 덩어리와
그것을 애써 끌어 덮는 눈발과
그렇게 난무하다 지지

그늘 값

치과에 간 사람을 승용차에서 기다리는 중이다
나무에서 창으로 들어오는 실바람
그 맛이 달아 심한 더위는 면하고 있었다
사내를 끌고 개가 다가오기 전까지는
개는 영토를 둘러보려는 건지 더 확보하려는 건지
빈터 나무들에게 오줌부터 갈긴다
찔끔, 오줌발 끊어 내어 나무둥치 발라 대는 게 개답다
내가 있는 곳까지 오줌을 갈기려는 태세인데
사내가 극구 말린다
땅이 개의 것인가 싶어 불편타
친구는 심장병 앓는 자신의 개를 위한 소고기 사면
나는 사람이 먹을 소고기 사는데
영양제부터 개 껌까지 큰돈 들이는 친구보다, 그 집 개
팔자 상팔자로 보이는 게 한두 번 아닌데
그러게. 여기 강남의 개도 몇 바퀴째 나를 겁주며
오줌만 갈긴다 후텁지근한 대낮
바람의 적선을 겨우 받아 내는 와중에

창을 넘는 저 지린내
그늘 값 제대로 매긴다는 생각을 하니 이 난처함을
누군가 오래도록 바라보았을 것 같아
엄청 덥다

제2부

깜빡

거기에는 꽃살무늬가 있다, 그걸 가꾸는 일이 고된지 부처는 앉아서 절을 받는다 우리가 올리는 절 공양은 나무목단꽃에게 보냈는지 색이 절창하게 깊다 그래서 궁금해 물어봤다, 묻지 말라는 듯 먼 데 산을 집어 드는 부처

꽃과는 상관없이 붉어진 문살에, 가만히 부처 손 얹어 놓고 그 위 나를 잠시 바쳤다가, 그렇게 꽃을 빠져나오는 바람처럼 대웅전 나서는데

쟁그랑 내 몸에 운판 닿는 소리 생에 우레 들었다, 부위마다 떼어 보시하고 싶다던 조금 전 말이, 뻔하다는 걸 안다는 듯, 아득하고 어지러워라 아직은 사람의 몸을 빌려 산다는 너라는 것 깜빡했었다

한때

부르텄다, 라일락

봄이 얼마나 치대었는지 알 것 같다

몇 날을 미친 듯 까발려진

천치 같은 것

모든 게 끝장나도 좋음을

발설하고 싶은

때가

일어나고 있다는 게 병은 아닐 것이라는,

장이 무르도록 쑤시던

그 아픔이 급성장염 때문만은 아닐 것이라는,

때가

더러 있었다

늑대신전

혁명이 빠져나간 몸은 흠집투성이다
분노가 끓었던 눈자위도 파였다
어떤 사태가 난 것 같은 사내가
울음을 짜내고 있다
엎드려 십여 분
슬픔이 한 슬픔을 또 끄집어내는 동해안 오후가
꺼억, 거리고 있다, 사기를 당해
저렇다고 같은 동민인 슈퍼 주인은 말한다
책임이라는 거 아프고 무섭고
그렇겠다
들썩이던 사내가 다시 술병을 문다
실컷 울고 난 후
아픔을 입가심하듯 마시는, 저
우는 사람 하나쯤 부려놓아도 경치가 되는, 해변에서
세상의 아흔아홉 칸 때문에
사람으로 사는 게 거기서 거기인지라 마주하다 베인다
노천 어딜 가나 비슷한 곡절은 있기 마련이어서

저런 뚫어진 이 메우려고

달은 서둘러 올 것처럼 수평선을 내 앞까지 당겨 놓았다

어쩐지, 몸살

목전에서 놓쳤다, 방마다 불못을 박고
와불로 만들어 버린 것
부지불식간
마른 목구멍으로 넘어오는 더운 살바람
마구 헤쳐 놓는 수작들이
낮불, 질렀다
심실과 명치를 두루 찍는 그와 술래잡기 중이다
어디 벗고
누웠는가
요컨대 진정 원하나 이미 들통 내어 버린 나로 하여
재미없어졌겠다
장난, 어차피 쳤으므로 열흘만 감쪽같이 놀기로 하자
열흘째 날 사마귀 암컷처럼
씹을 것이다 아무튼 씹어 먹을 것이다
일없었다는 듯 등걸 하나만 절단나면 세상은 다시 고요해지는 것
척하니 볼을 닦으면서 생각한다 한바탕 뒤엉켰어도 괜찮았음을

너를 걷는다

— 태백산 오르며

먼지투성이 길을 걷는다 분명한 등산로이나 닮은 샛길이 많아 도무지 헷갈린다 십 촉의 머리로써는, 자주 주저앉게 한다

흔들리는 살갗 춥다, 이 바람 대체 누가 떠 붙이는 건가 마땅히 즐겁지 않아 잡아넣고 다시 걷는다

고대 꽃들 문전성시 이루고 섰다가, 내 안쪽으로 쓸어져 눕는다, 거절할 명분은 떠나오면서 입력하지 않아 어쩨야 할지

오우! 산의 내장이 보인다, 이 골을 어떻게 핥아야 너를 먹었다 하지 않겠는가 나는 신령해하는 몸을 빼내어 다시 걷는다

다시 헐거워진 곳을 조이고, 짐승처럼 산 탄다 얼마나 버려야 살아날 수 있는 것인가 이제 바람도 없고 하늘도 없다

내 만천하가 부질없게 하는, 구름 안의 준령에서 몸 한 척 벌린다 태백이 줄줄이 들어선다

염장 지르는 일

폭설 던져지는

와중에

중천을 뚫고 나온 해가 익은 수제비처럼 노랗다

분별없도록 되어 버린 간만의 혁명

이런 횡포라면 즐거운
받아치기다

나는 서서히 변질되어 날기 시작한다
어쨌든!

사나운 숨을 저며 내라는 하늘의 뜻은 알겠는데
오히려 염장 지르는 일인 것 같아 허공과 허공 사이
나쁘게 헤맬 뿐이다

이 너른 더미 어디로 접사되어 갔는지
나는 이제 찾을 수가 없도록

아득하다

만두

텔레비전 보면서 만두 먹는다
가끔씩 보는 인간극장,
치매를 앓는 어미와 아들이
주거니 받거니 단조롭게 말놀이 한다
—심청이가 군대 갔는데 심청이가 군대 가서 무다히 죽었는데, 살아났다
아들이 준 동화책을 펼쳐 들고
전혀 다른 스토리가 저 촌부 머리에서
상상되어 나오자
아들은 박장대소 구르면서 잘 읽는다고
손뼉 친다, 만두 씹다가
뜬금없이 저 일에 마음 대고 말았다
어미에게 밥을 떠 넣다
잘 먹는다고 또 장난치는 아들
수염은 불쏘시개 같은데
그녀 머리는 감기고 빗겨 깻단 같다
그는, 그녀를 위해 매일 살을 태웠듯 굴뚝은 쉴 날 없이 연기 오른다

라는, 생각이 나를 메이게 한다
만두를 먹다가
눈물을 흘리다가
그러면서 끝까지 다 먹었다

그 많은 경계를 넘어

또 노을 앞이다

사랑을 버렸던 때보다 더 착잡한 궁지로 몰아붙이는
저 의중, 몇 시간 걸리겠다

한때 저것들보다 귀했던 일이
내게도 소복했던가

자꾸만 철없이 굴고 싶은 심사

모두가 탓으로 여기는 지금
애인아!
그맘때면 누구나 꿰매는 상한 간장이 있다

이 너머

경계를 물어 나르는 것들에게는 계승할 사람의 시간이 있다

창唱

그것은 장腸을 토해내는 짓
여자 볼록한 입술이 파랗도록
쥐어짜, 어인일 내가 사시나무 떨 듯 맥이 풀려나가
는지

설운 것 아픈 것 조목조목 따지는데 그러고 보니

나는 어디서 왔던가
를, 점점 궁금케 했다

유달리 밖이 깜깜하다
나무들 하나둘 사라져 버리고
어깨를 조금씩 끄덕이는 나 말고 저 여럿

깊은 산중 헤매고 있다

11월

입안이 헐어 먹지 못하는 그가 지랄을 떤다
여자는 마주앉아 시선을 고정한 채
말없이 들어 주고만 있다
이맘때면 나타나는 태병을 아는지라 또 도진다고만 생각할 뿐
그 지랄이 나무에 튄 건지
잎들 하나같이 탄다
그러고 보니 만만하게 당하는 여자 걱정이다
남의 화를 받아 낸다는 거
그렇게 받아 내다 기어이 제 몸을 폭발시켜 버린다는 거
폭발의 괴로움으로 하여
강 하나를 차리고
그 속으로 산들과 능선을 뿌리내리게 하고
이 모든 것들을 껴안고 끝끝내
울고 있는 저 혈의 눈물,
나는 허공을 찢어 조심히 닦아 주는 게
그 여자의 일생을 닮아 가거나 베꼈거나 하는 부분

이 있어서가

아니라

우복골에서

별이 나뒹굴었던 저 역력한 자리, 가맣게 탔다
형산에서 온 바람이 흙들의 껍질을 잠시잠깐 흩뿌리는 사이로, 무너진 산의
어깨가 새로운 지형처럼 나 있어

기억은 틀리게 표기된다

거기 초막의 등들은, 부러져 헌 잔뼈뿐이다
많은 이웃이 뽑혀 나갔겠다

아무것도 증거할 게 없어진
다만 풀만 익숙한
깜깜한 골에 나를 몰고 왔구나

이제 만날 누구도 없는, 이별해간 것들과 막무가내 하직을 당하고 돌아서는
그의 슬하였던 나는 차마

치통

냉이 씨앗 배었다 그냥, 왔거니 했었는데
변방의 이름으로
지상 몇 필지 물고 섰다
천금 같은 이승 내내 봄뿐이었으면 했겠다
어미를 붙들고 있는 씨앗들
미처 떨어지지 못한
꽃잎이 쪼그마니 겹 붙어 가만한 내 어금니 아프게 하듯
아무 데서나 피고
지는, 저것을 만나면 왜 자꾸 떼를 쓰려고 덤비게 되는지 알 수 없지만

모눈종이

새벽에 나갔던 이웃들 한밤중 돌아와 칸칸이 몸을 눕힌다
더러는 묻은 흙을 터느라 탁탁 소리를 내고
수십 개 방문이 열렸다 닫혔다

부산한 층간이 그 시간만큼은 살아 있음을 말하는
씻어 내는 사람들 곤한 냄새가
복도를 스멀거리고
이미 제때 꺼진 몸들은 코를 골거나 잠꼬대하거나 그것마저도 나누는
얕은 석고보드 너머 사람이 산다

막과 막 사이 돼지비계처럼 끼는 고시원
진저리쳐 대는 어느 늙은 중얼거림이 그래도 싫지 않은

사는 게 외상이다

말을 골라 쓰다가
글씨체를 다치게 했다 문질러 버리고 다시 쓰려
하나
도무지 지워지지가 않는다
제대로 삐걱해 버렸다
모눈 칸칸이 내가 살다간 흔적, 난무하다

나비처럼

어제는 바람에 끌려다니다
더러는 먼지 먹는
몹쓸 날 만나다

볕살 쫘악 깔린 대낮에

별 왕래 없는 친구 딸이 교통사고 사망이라고, 메시지 떴다
스물아홉 순정품, 구만리가 참 나비처럼 가볍게 오고 간다는 생각 든다

딸을 안고 황망히 녹아내리고 있을

거기, 찾아 가는 길, 무슨 말이 급히 필요는 한데 떠오르질 않아
답답하다

만화방창 핀 꽃들 때문인가 싶기도 하고

동문서답

검은 하늘에 노닥거리는 참새 배꼽들 아래
흰 털을 본 적 있니

종아리부터 껴안는 바람의 사발 같은 젖무덤
느껴 본 적 있니

꽂히는 장대비 그 가랑이 단단한 것
오랫동안 훔쳐 본 적 있니

입추를 건너간 너라는 것에
드디어 발정의 문자메시지가 뜨는 걸

포착한 적 있니

어떤 질문을 까도 마음이 문맹인 걸
고칠 생각이나

해 봤니

석모도

그대를 꿔 보니 알겠다
피가 울면 웅혼한 심해가 생기는 법을
너울이 등을 치는 생판 앞에
그대는 해저가 거느린 어떤 애물이었거나
아니면 방주였거나,

어쩌면

천만 번 버려진 자신을 위해 제를 올리는
노을의 부복 앞에
말할 수 없이 슬픈, 혈전의 저녁은 흐르다 막히다 아무것도 끓이지 못하고

그대의 간에 낀 노을을 다 끄면 무슨 눈으로 사나

시시한 일로

김분순 여사 팔순 잔치라고 큼지막이 쓴 현수막 한복 입은 이들 왔다리 갔다리, 엄청 즐거운 낯빛이다 한복 재질이 날라리 하다지만 그래도 더워 보이는 차림새 무관심하게 굴고 싶은데 자꾸 힐끔거리게 하는 일이, 미색 고운 한복의 깡마른 할머니 꽃처럼 벙그는 모습이 절창인것 같아 기웃거리게 하는데 한자궁을 사용한 듯 닮은 이들이 곱게 왔다 갔다 한다 언제 팔순까지 쉬이 넘겼던가 하는 생각을 하는, 이쪽은 알아들을 수 없는 시시詩詩한 일로 저녁을 낭비하고 저쪽은 니나노 춤판으로 저녁을 사들이고 왠지 내 하는 시시詩詩한 일이 시큰둥해지게 한다 몸으로 겁나게 쓰고 까뭉갰을 저 엄연한 팔순의 목록을 누가 함부로 논할 수 있다 하겠는가 아는 척했던 마흔이 삐뚤한 글씨체 같다는 생각이 든다

새의 유성

한 마리 새 지나간 뒤
하늘은 또다시 긁힘을 묻었다
그 아픈 부분 저녁에 반사되어 수없이 빛난다
별은 그렇게 상처로 이루어졌던 것이다
긁힘이 남아 괴로운, 저
사나운 터엔 수많은 자국들끼리
별자리 신화도 만들었겠다
훨훨 거리는 새의 깃을 이해하지 못한
그때 날것들에 대한 의문에서
새는 하늘이 깐 것이라 여겼었다
신의 애완인 줄 믿었다
새가 사라진 휘장 그 안쪽으로
유달리 붉은 서천을
스무 해 겨드랑이는 거웃 같은 털 몇
가닥으로 나는 시늉을 했다
어른이 되어 까닭없이 아픈 겨드랑이를
하는 수 없이 개복하면서
생살 안의 부재 중인 날개라는 거

얼마나 큰 영물인지 알았을 때
세상살이 그 중력으로 나는 벌써
떨어져 늙고 있었음을
은하처럼 흐르는 지금의 겨드랑이 흉터가
어떤 자국이라 단정키 싫지만
아무튼

바람의 속달

바다를 다녀온 후, 열은 몸을 지지기 시작했고
나는 그날의 비를 탓하며 뼈 사이사이 낀 바다를 후벼 파
내 사적인 광에 잠시 가두라 한다

멀어서 붉은 수평선 그 반대편에서
가물거리다 얻어낸 기氣와
밤새도록 쏟아 내다 남은
여분의 바다 하나를
넣어 줄, 입술 하나 구하지 못한 삭막함이
나를 반성케 한다
몸의 어느 수체가 또 흐르지 못하고 막혔음을
이마의 뜨거움에서 알겠다
산행지에서 새끼노루귀 피었다고
바람도 심하게 불었다는 소식을 누워 듣는다
한 환락이 새로 시작되는 거다
그것들을 타락시키기 위해 얼마나 많은 이 땅의 찬사가

동원될 것인가

고것들 가질 수 있는지를 묻는, 뜨거운 이가

나인 것은 분명한데

왜 너라는 당신이 읽히는지

혹서 말미

바람의 주둥은 꺼멓다
저녁의 껍질 위 부단히 맺히려 애쓰는 밤이슬
늦은 모깃불 속으로 처박힐 즈음 꽃들은 배를 가른다
원전별이 그렇게 태어나듯
사람들은 별의 행방에 따라 사랑도 하고 멀어지기도
한다
그럴 때마다 건드리는 문장들은
내가 방전될 때까지,
그해 여름은 피나게 써지고
더 붉은 글씨체들로
한 칸을 메우면 내 한쪽이 전소되는
비로소 한 접의 과일들을
불러들이는 저 세계 방 하나 따냈다

제3부

꽃무릇 그 위험한

별이 만져지는 저맘때

필연에 잠시 핀 것이라 여겼던,

내 장지문 깊숙이

너를 위한

홍살문

그러나 네 속정은 알 수 없는 빌어먹을

생시

유월의 콜라주

그러므로 신천新川은 물이 차고 준설로 사라졌던 갈대는 보란 듯 제 가솔 퍼트리며 높아지기 시작했다 그것은 저들의 기법인 게다 뭇 초록이 목숨을 표하는 일에 어찌 저런 노동이 없으랴 한 무리 깨알 같은 애들, 거기서 소풍사진을 찍는다 국토에 바쳐질 머릿돌 같은 것들이

피라미 찾아 두어 마리 백로, 고개 박는다 물은 찰나 찢어지고 그 안으로 가만히 걸치는 구름 서너 줌 그렇게 섞이는가 보다, 젖어 깍듯하게 푸르른 것들과 한 궁합인데 소소한 풍경까지 움켜쥔 자태들은 그렇게 한 틀을 채우고

지금 부는 바람은 그저 편편한 물낯을 한 번 더 보듬고 싶을 뿐, 어떤 의미를 부여하지는 않지만 옮겨 다니는 분명한 의중은 있을 것이라 믿는다 빈자리마다 금방 들어서는 갈대, 겨누는 건 하늘이 아니라 물이다

해거름으로 쓸쓸해진 당신
찢어, 흐르듯 붙였다
노을이 범벅인 거기

복숭아꽃 살구꽃

그때 주막으로 가는 내내 자갈을 찼던 것 같았다 마실 나간 아버지 어둡사리 치도록 돌아오지 않고 나는 저녁밥 푸다 말고 혹여 주막으로 찾아 나서던 길, 이미 술의 술이 된 아버지, 모자는 아무렇게 처박혀 깔아뭉개진 채 흐물흐물 아버지 일으켜 부축해 나오면서 아! 주막이 폭파되길 얼마나 바랐는지 이리 저리 어깨 네 개 걸어가는 신작로가 하염없이 길고 길어, 뒤에서는 복숭아꽃 살구꽃들이 둥글게 피어, 안개 뭉치처럼 우리들을 떠밀고 있어 얼마나 화딱지가 나던지

앵벌이 하는 장미씨

비를 맞을수록 더 황홀해져야 산다
내가 혈화를 피워 무는 순간 세상은 굶은 사랑들로 아우성이지만
안다, 편두통 깊은 사람들은,
그 독을 빌미로
얼마나 혀를 슬프게 하는지를
한 덩어리 울음들에게
나쁜 위로의
내 피 맛이 스미는 동안
그들의 기원전 행위를 엿듣는다
비의 처마 끝이 부서져라 기울이는
저 맹한 사내와 잔 술 부딪혀도 좋겠다는 굴뚝같은 심사
조그마한 혈소판 위로 사내를 뜯어 놓고
통째 훔치겠다는 이 구걸을
나는 입가를 헹궈 내며 조금씩 헐거워지는 빰을 붙들어 맨다
몇 송이 나를 꺾어 가는
아주 침울해 보이는 거기, 알 만한 당신

부처를 찾습니다

동짓날 환승사 부처는 출타하고
눈발만 거세다
그냥 돌아와 아랫목 이불 들추는데
틀림없는 와불이다
점점씩 흘려 놓은 공양물들
천연덕스럽게 법문을 설파하고 있는
눈꺼풀 안으로
말 듯, 말 듯한 눈알 두 개 부드럽다
어느 중생을 구제하는 중인지
아랫도리 다 젖도록,
그 젖은 가사를 벗겨 낸다
앞뒤 굴려 가며 닦아 내다
말씀 빠져나가 파인 곳에 한 수저
물을 바치고 난 후
귀퉁이 앉아 한 말씀 듣다 잠깐 졸았던 것
뿐인데
떠나고 없다
오! 저 법구 벗은 채로

우포늪 칡꽃이

가능과 불가능, 의문 들거든
우포늪으로 가 볼 일이다
팔월 염천 미친 한 여자 만나리
치마를 까 내리고 늪을 들이는 그녀
뭣도 모르면서
이녁 저녁 걸신 들다
벼락처럼 눈 맞아
보란 듯 줄기를 대는
팔딱이는 외간 입술을 만나리
만나, 더운 그 속에서
그대가
썩는다 해도
세상은 별 차이 없이 덤덤할 것이다
땀띠처럼 따가운 무엇이
돋거든
살 안의 늪을 세세히 살펴볼 일이다
칡꽃 하나 거기 피어
그대를 얽어매는 중인지

목백일홍

달이 컹컹 짓는 밤
부처를 느끼고 싶어 거기 들었지만
만나기가 쉽지 않다
얼굴에 떨어지는 빛의 점자
신기하지 온통 반점 일어 몸이 꽃밭이야

달빛을 나누어 가졌으나 나무속은 캄캄해서 도무지 통할 수가 없다
어머닌 홍역하다 놓친 꽃들 때문에
복장에 절 한 채 실었었다
수제비 뜨듯 간을 뜯어 그것 먹여 살렸었다

누구도 열어 보았다는 말 들은 적 없다
다만, 때가 되면
꽃들만 수욱 내밀어 보인다는 것
외는, 그리하여
절 앞의 저 목백일홍
오래도록 달이 가두어 놓는 일에

나는 속없이 절창이라
기뻐하나

석종

아무리 읽어도 고픈 데가 생기는
저기 마침표, 한 궤적 끝냈다
울어야 울음이라는 거
아님을 여기서
깨닫는 저 조용한 일갈
나무들도 흔들림 자제하는 듯하다
비로소 수미산을 내려온
선승들 하나같이 귀 닫고 엎드렸다
하안거 마친 스님들
부서져라 맞은 뒤태가 말개서
눈물겹게 한다
나와 경계가 분명 그어지는
은해사 부도탑 치려고 떼로 노을이
덤비는 와중이었다
생각이 까맣게 타들어 산까지 옮아 붙는
야단법석, 내가 사는 동편은
이루 말할 나위 없고

간절기에 들어

옷가지 두어 벌, 세탁소 보내려다
주머니마다 춘다
털어도 뻔한 먼지밖에
나오지 않는데
손이 들고 났던 자리 보푸라기 피어 몽글하다
아무튼 이것들은
철따라 나를 태워다 나르던 급행이었을 것이다
시절에서 내리면
가차 없이 용도불가를 당하는
너라는 것, 이미 식어 버려 뜨거운 인사도 못했다
섭섭함에도 급수가 있는지
오래도록 나는
그 냄새, 숭숭 햇살이 디디던 길이 보인다
그래, 단단히 침묵하여라
그 안에 수만 여벌의 내가 맡겨져 있으니
지금 나의 본체는
잠자리 날개 안에서 잔뜩
무게 줄이는 중이다

시치미

달의 꼬리가 마을 방파제에서 해를 기다리던 일은

저것들 섞어 지금껏 요긴하게

무한정 리필해 팔아먹고 살았던 일은

그리하여 내 그늘 그 방향으로 돌게 했던 일은

새삼 지금에 와서

유품 운운 떠드는 것은

바람 드나드는 몸에서

익숙한 뼈 하나 살고 있기 때문이다

여행 그 낯선 의미

밤은 계곡물에서 올라왔다
낮의 뺨들은 따뜻하게 어두워져 가고 사람의 눈은 허공을 향해 핀다
별의 더미에서 한 별이 떨어져 나간다
또 누구, 모질게 아프다 갔겠다
아무 연고도 없이 방목 중인 나는, 사라진 별에 대해 묻지 않기로 했다
괜한 상처에 연루되고 싶지 않은 것이다
먹빛 속에서 어렴풋해지는 나를 여러 번 놓친다
내가 무허가라는 거 저 밤이 먼저 알아채었다
부정확한 별을 밤 내내 건드렸다
검은 달은 큰 무기처럼 다가서고 타락을 숭배한 나는
실컷 미치거나 어떤 전율에 빠지거나
그리하여 변성기를 오래 느끼고 싶어서이다
한 목숨 끝에 얹히는 쓸쓸한 맛, 사람이 아니면 맛볼 수 없는,
그대를 생각한 날들도 이러했던가

징역

홀로 삼키는 밥은 언제나 쉬운 물밥이다 그래서 먹먹한 속앓이가
생기지 않아 좋다

지식으로 꽃을 살 수 없는 애인의 모퉁이 그것에는 단순하지 않는
혁명사의 고백이 탄환보다 무섭게 장전될 때도 있다고

운판도 만들 수 있었을 내 노동의 바다, 그 알리바이에는 바람과 은둔의 달이
있어 줄곧 올라가 쉬고는 했어

비록 이문 없는 생애지만 별것 아닌 것들이 그 만큼 키웠다는
몇 터울 건너, 지금에 이르러 나를 책임졌던 공기까지도

온통 빌린 것들이라는 것 안다

당신을 익숙하게 했던 지난날 또한 나는 치명의 세월이었음을
자복한다

윤사월

내 한 벌은 여기
나머지 여벌은 그를 따라갔다
어디론가 편입된 그대
이처럼 적절치 못한 일이 또 있던가
같이 밥 먹고, 같이 어지럽고 하던
그래, 몇 초 전 일은 전생이다
후일은 늘 외상값처럼 와서
횡설수설하는 것
그 성한 것들이 저기 난전에 앉아
여태 덤으로 먹고 싸고
이승을 견디고 있다

안녕, 셰르파

고지까지는 멀다, 그대에게 맡긴 암자 위로
달은 떠 뻔한 풍경인
어마한 암자 속 후루룩 몸을 데우고
해발 너머 진한 나무들에게
나를, 잠깐 통하게 걸어라
그러고 나서 선한 이에게, 쓰자, 유쾌한
어디쯤 생은 역시 공供일 뿐이라고
누군들 그렇지 않겠나마는 숨이
만져져 우둘우둘 지는 끗발
기껏 쓰러질 명함을 죄다 받아 내던
그대도 낡았다
구름처럼 쓸쓸한 우리들의 일박 서풍은 씁쓸하게
왔다 간다 세상은 근간의 계절로 하여
무작위 황홀한, 아래 사는
이내여, 내 헌화는 어디 꽂았나
피의 꽃들이 사는
무시한 계곡이 될 것이나 그것들은 나를 트이게 할
노랫가락, 홍은 그렇게 온다
드디어 내 안에서 빠져나가는 이

다시 연애

이른 아침 창문을 열다가 놀라
자빠지는 줄 알았다
밤새도록 기어오른 나팔꽃 줄기가
딸을 슬어 놓았던 것이다
벌린 입술 속으로 발갛게 맺힌
이슬도 눈물도 다 맞는,
저 작품을 몰래 걸어 놓고 내려가다니
내 뼈에 호사 들었다
딸은 딸답게
은근히 창틀을 넘어올 태세고
실로 무례한 짓인데
마치 색다른 행성을 아는 것처럼
이 뜬금없는 사태가 그저는
아닐 것 같아
무섭지만
굽이굽이 서로 파고들다
이 맘 저 맘 거들떠보고 나면
황망히 질 거 뻔한데

그러는 나도 또 질 거 뻔한데
가는다란 저걸 몸에 꽂고 흥분하는
사내가 참 없어 보인다

단오를 쓰다

편지를 씁니다
평생 나를 설레게 하는 그대에게
오월, 어느 대낮에 들어
지웠다 쓰고 그러다
또 쓰고
이 세상 내 어머니로 와 준
그 고맙다는 말을
하지 못했습니다
못했던 말을 꼭 쥐고 창포꽃 피었습니다
너라는
것을 깎아
편지를 씁니다
너무 긴 언문으로 하여
아침에 핀 창포꽃들이 곧 시들어 버릴 것 같습니다
쓸수록 먹먹해지는
이 짓거리
또 저지르고 말았습니다

어느 화론畵論

여자는 낭창이 걸어왔다
한쪽 다리가 불편한지 엇지게 땅을 치며 걸었다
초여름에 든 날씨, 절 앞의 그늘진 곳은 사람들 차지다
아무도 지나가지 못하게
시비제막식이라고 큰길 하나를 막아 놓고 행사를 치르는데
그녀는 상관없다는 듯 걷는다
제지하거나 뭐라는 사람은 없다
땅을 기울게 하는 저 당당함이 모두를 제압하고 말았다
마이크 든 사회자도 앞줄 차지인 높은 이들도
시선이 엇지다
온통 치며 걸어가는 저, 분명 율격이고 메타포였다
시어 두어 되 돌에 새겨 놓고 헌배하는 사람들
참 싱겁게 만든다
그렇던가, 그녀의 전범은 그녀였던가
꽃창포 쪽으로 유유히 사라지는 여자, 머리가 부스스한 파마머리 여자

복무

치매인가 산발한 민들레 갓털
목숨 참으로 별것 아니게 한다
땅에 뜬 달처럼 시방인가 싶더니
낯짝으로 얹힌 하늘이 조막만이 둥글다 싶더니
내 또한 각을 삐져야 제대로 읽히는 그것
칸칸이 박힌 저 노란 책임의 값은,
봄을 휘두른다는 뜻일 게다
생애 복무 하다 말고 확 지르고 싶은 짓
좀 많았던가
암컷은 어찌하여 자주 피가 나던지
에, 할 말 없는 것
늘 붉은 그 짓
죄다 치사하게 간 어떤 짠한 것들로
하여
달인지 민들레꽃인지 분간 못하는
짓거리 보라지!

낯설게 하기 또는 발견의 시학

김 재 홍
(문학평론가 · 경희대 교수)

1. 오늘의 시, 당위의 시

일찍이 1930년대의 역량 있는 비평가이자 시인인 김기림은 지난날의 시를 자연발생의 시, 존재의 시sein라 규정하고 새로운 시를 의도적인 제작의식의 시, 즉 당위의 시sollen라고 명명한 바 있다.

다시 말해 소월류와 같은 감성의 시, 솟구치는 정감의 시를 재래의 시, 전근대적인 시라고 하면서 새로운 시, 바람직한 시로서 이상과 같은 실험시 또는 지용과 같은 주지시를 바람직한 근대적인 시로 평가함으로써 현대시의 본격적인 출발을 분명하게 확정지었다. 당시만 해도 지용의 「유리창」과 같은 지성시는 낯설었으며, 더구나 이상의 「오감도」류의 시들은 독자들의 항의로 연재가 중단될 정도의 난해시로 인식되어 치지도외되었기에 김기림의 『시론』에서의 이와 같은 논리가 설득력을 갖기는 어려웠던 것이 사실이다.

그로부터 수십 년이 경과된 분단 이후의 시 특히 오늘의 시단에서는 오히려 쉽게 읽히는 시, 자연발생적인 정감의 유로로 쓴 시들은 점차 평가절하되기 시작했고 오늘날에는 이러한 제작의식의 시, 실험의식과 메타포, 상징, 아이러니 등 온갖 현대시의 방법론을 활용한 시들이 한 주류를 이루며 현대시의 중심부에 놓이게 되었다. 그래서 1960~1970년대에는 이른바 난해시 논쟁, 또는 가짜시 논쟁을 불러일으킨 바도 있었지만 오늘날에 이르러서는 평이한 주제 · 내용을 쉽게 담아낸 시들이 시단과 비평세계에서 점차 소외되고만 형편이다.

더구나 근자에는 한 걸음 더 나아가 이른바 과도한 해체시는 물론 엽기시까지 등장하여 전문 시인이나 비평가들을 당황스럽게 하는 경우도 많아졌다. 그럼에도 이러한 근대적 · 현대적인 시들이 전개하고 있는 다양한 방법론의 모색과 실험은 충분히 의미 있는 시도로 여겨진다. 시의 근본정신은 인간의 감정을 여과하고 순화하는 순기능을 갖는 것이 원칙이지만 한 시대는 그 시대에 맞는 독특한 감수성의 체제와 특성을 지니는 것이기에 반역과 진보의 정신 또는 모색과 실험의 정신을 갖지 않으면 안 되는 까닭이다. 시란 기존의 인식과 시 방법을 끊임없이 개신하여 새로운 정신과 표현을 지속적으로 추구하는 창조 정신, 새로움의 정신을 특성이자 본성으로 하기 때문이다.

이런 점에 유의하면서 정하해의 새 시집을 간략하게 살펴보기로 한다.

2. 뒤집어 보기 또는 발견의 시학

정하해의 시가 기본적으로 취택하고 있는 시법은 뒤집어 보기 또는 낯설게 하기로서 발견의 시학이다.

> 첩첩한 철쭉꽃에게// 그 곁을 핥는 바람에게// 막 헤어져 구불거리는 생강에게// 일주문 위 낮달에게// 시시때때 끌려다니는 이유 비로소 알았다// 나는/ 저들에게 감쪽같이 채용을 당했던 거다// 무임금의 나날/ 몸으로부터 너무 멀리 다녔다/ 낡고 찢어진 눈물/ 보수할 급여가 필요한데/ 천년을 무일푼인/ 내가, 내 안으로 들지 못하고/ 저 환한 민낯에 걸린/ 목이 아프다/ 세상은 지금 단청 중에 들어/ 모든 게 한 컷에 찍혀/ 함께라는 건/ 일파만파 울음 하나 보태는 것이었음을
>
> —「사진을 찍다가, 알아낸」 전문

이 시의 기본 방법은 뒤집어 보기, 낯설게 하기로서 새롭게 하기, 즉 발견의 시학의 기법이라 할 수 있다. '철쭉꽃을 핥는 바람/ 막 헤어져 구불거리는 생강/ 무임금의 나날/ 천년을 무일푼인 내가/ 세상은 지금 단청 중에 들어' 등의 구절들은 관

습적인 인식과 표현방법을 뒤틀고 뒤집어서 새롭게 세상과 사물을 바라보려는 시도를 나타내고 있는 것이다.

사실 뒤집어 생각해 보면 우리의 일상이란, 관습적인 나날이란 세상의 사물들에게 오히려 우리가 채용당해 살고 있는 것 아니겠는가?

또한 우리의 일상이란 '무임금의 나날' 이고 '천년을 무일푼' 인 채로 세상에 '울음 하나 보태며' 살아가고 있는 것 아니겠는가? 그러고 보면 「사진을 찍다가, 알아낸」이라는 제재를 통해서 우리가 얼마나 관습적이고 지루한 일상을 살아가고 있는가를 확인해보면서 새로운 생의 발견, 인식의 전환을 통해 새롭게 태어나기를 소망하고 있는 모습이 아닐 수 없다고 하겠다.

이른 아침 창문을 열다가 놀라
자빠지는 줄 알았다
밤새도록 기어오른 나팔꽃 줄기가
딸을 슬어 놓았던 것이다
벌린 입술 속으로 발갛게 맺힌
이슬도 눈물도 다 맞는,
저 작품을 몰래 걸어 놓고 내려가다니
내 뼈에 호사 들었다
딸은 딸답게
은근히 창틀을 넘어올 태세고
실로 무례한 짓인데
마치 색다른 행성을 아는 것처럼
이 뜬금없는 사태가 그저는

아닐 것 같아
무섭지만
굽이굽이 서로 파고들다
이 맘 저 맘 거들떠보고 나면
황망히 질 거 뻔한데
그러는 나도 또 질 거 뻔한데
가느다란 저걸 몸에 꽂고 홍분하는
사내가 참 없어 보인다

—「다시 연애」 전문

이 시에서도 마찬가지다. 밤새 창문으로 기어 올라와 나팔꽃 한두 송이 피워 놓는 모습을 보면서 그것을 "밤새도록 기어오른 나팔꽃 줄기가/ 딸을 슬어 놓았던 것이다/ 벌린 입술 속으로 발갛게 맺힌/ 이슬도 눈물도 다 맞는,/ 저 작품을 몰래 걸어 놓고 내려가다니"와 같이 기존 인식의 틀을 확 바꿔 시침 떼면서 "이른 아침 창문을 열다가 놀라/ 자빠지는 줄 알았다"와 같이 호들갑을 떨고 있는 것이다.

무엇보다도 여기에서 눈길을 끄는 것은 이러한 사물의 재발견도 중요하지만 "이 맘 저 맘 거들떠보고 나면/ 황망히 질 거 뻔한데/ 그러는 나도 또 질 거 뻔한데"와 같이 생성과 소멸로서 존재의 본질을 파고드는 시력의 깊이라고 하겠다. 단순히 기발한 표현에 그치지 않고 사물의 본성을 파고들려는 탐구의 시정신이 그에 못지않게 신선하다는 뜻이 되겠다.

아울러 두 편 시에 보이는 '민낯/ 찢어진 눈물/ 세상은 지금 단청 중에 들어' 라든가 '놀라자빠지는 줄 알았다/ 내 뼈에 호사 들었다/ 사내 참 없어 보인다' 와 같은 낯선 시어와 표현법은 낡은 표현의 구각을 깨뜨리는 한 시도라는 점에서 나름대로 의미를 지닌다고 하겠다.

3. 도발적 상상력과 자유 지향성

정하해의 시가 지닌 또 하나의 특징은 그의 시적 상상력이 매우 도발적이라는 데 있다. 일방적, 관습적인 인식을 과감히 깨뜨리고 사물이 지닌 새로운 모습을 과감하게 드러냄으로써 자유 지향성을 확실하게 보여 준다는 뜻이다.

> 비를 맞을수록 더 황홀해져야 산다
> 내가 혈화를 피워 무는 순간 세상은 굶은 사랑들로 아우성이지만
> 안다, 편두통 깊은 사람들은,
> 그 독을 빌미로
> 얼마나 혀를 슬프게 하는지를
> 한 덩어리 울음들에게
> 나쁜 위로의
> 내 피 맛이 스미는 동안
> 그들의 기원전 행위를 엿듣는다
> 비의 처마 끝이 부서져라 기울이는
> 저 맹한 사내와 잔 술 부딪혀도 좋겠다는 굴뚝같은 심사
> 조그마한 혈소판 위로 사내를 뜯어 놓고
> 통째 훔치겠다는 이 구걸을

나는 입가를 헹궈 내며 조금씩 헐거워지는 빰을 붙들어
맨다
몇 송이 나를 꺾어 가는
아주 침울해 보이는 거기, 알 만한 당신

—「앵벌이 하는 장미씨」 전문

치매인가 산발한 민들레 갓털
목숨 참으로 별것 아니게 한다
땅에 뜬 달처럼 시방인가 싶더니
낯짝으로 얹힌 하늘이 조막만이 둥글다 싶더니
내 또한 각을 삐져야 제대로 읽히는 그것
칸칸이 박힌 저 노란 책임의 값은,
봄을 휘두른다는 뜻일 게다
생애 복무 하다 말고 확 지르고 싶은 짓
좀 많았던가
암컷은 어찌하여 자주 피가 나던지
에, 할 말 없는 것
늘 붉은 그 짓
죄다 치사하게 간 어떤 짠한 것들로
하여
달인지 민들레꽃인지 분간 못하는
짓거리 보라지!

—「복무」 전문

이 두 편의 시에는 정하해 시인 특유의 도발적 상상력이 구체적으로 제시되어 관심을 환기한다.

먼저 「앵벌이 하는 장미씨」는 제목부터가 대담하고 파격적이다. 장미라고 하는 식물 심상을 '앵벌이' 라는 인간의 모습으로 전치시켜 장미꽃의 속성을 과감하고 대담하게 변환시키고 있는 것이다. 어찌 '장미꽃' 과 '앵벌이' 라는 두 심상이 쉽게 조화를 이룰 수 있단 말인가? 거리가 먼 만큼 긴장감은 높아지고 새로움의 정신이 꿈틀거리게 될 것이 분명하다. 마치 초현실주의 또는 다다이즘에서 데페이즈망dépaysement 기법을 보는 것같이 도발적이며 자극적인 표현 미학이 아닌가 한다.

시적 전개에서도 '황홀/혈화/굶은 사람들/아우성/편두통/한 덩어리 울음/혀를 슬프게 하는지/피 맛/기원전 행위를 듣는다/맹한 사내/잔술 부딪혀/혈소판 위에 사내를 뜯어 놓고/통째 훔치겠다는 이 구걸/입가를 헹궈 내는/헐거워지는 뺨/나를 꺾어 가는/알 만한 당신' 과 같이 과감한 육체언어를 다양하게 결합함으로써 장미꽃과 육체적 관능적 이미저리들을 교묘하게 뒤섞어 새로운 장미꽃을 형상해 내고 있다. 아울러 '앵벌이 하는' 이라는 전혀 낯선 이미지를 결합함으로써 장미꽃의 관습적 형상성을 깨뜨리고 새로운 미적 기괴함을 불러일으키는 것은 충분히 도발적 상상력의 발현이라고 할 수 있겠다.

시 「복무」도 마찬가지다. "치매인가 산발한 민들레 갓털/ 낯짝으로 얹힌 하늘/ 각을 빼져야 제대로 읽히는/ 칸칸이 박힌 저 노란 책임의 값/ 봄을 휘두른다는 뜻일 게다/ 암컷은 어찌하여 자주 피가 나던지/ 늘 붉은 그 짓/ 죄다 치사하게 간어떤 짠한 것들로/ 짓거리 보라지" 등 파격적인 이미지들이 일상의 관습적인 표현 틀을 과감하게 깨뜨림으로써 새로운 인식의 지평을 열어 보여 주려고 시도하고 있는 것이다.

그렇다. 정 시인은 그의 실제 생활방식이 어떤지는 몰라도 적어도 시에서만큼은 파격적이고 도발적이다. 이러한 몸부림을 통해서 관습적인 인식의 틀과 표현양식을 깨뜨리고 새로운 정신의 영역을 창조적, 주체적으로 열어 나아가고자 몸부림치고 있는 모습이라고 하겠다.

다만 이러한 낯설게 하기 또는 뒤집어 보기의 기법과 도발적 상상력이 좀 더 깊은 생철학의 탐구로 진전돼 간다면 정 시인은 더욱더 성장해 갈 것이 분명하리라.

4. 식물적 상상력과 생의 탐구

그런가 하면 정하해의 시편들에는 식물적 상상력이 지속적으로 작용하고 있어 관심을 환기한다. 그의 시법이 모더니즘 취향에 물들어 있는데 유의해 보면 이러한 식물적 상상력의 발현은 이채로운 것이 아닐 수 없다.

> 그때 주막으로 가는 내내 자갈을 찼던 것 같았다 마실 나간 아버지 어둡사리 치도록 돌아오지 않고 나는 저녁밥 푸다 말고 혹여 주막으로 찾아 나서던 길, 이미 술의 술이 된 아버지, 모자는 아무렇게 처박혀 깔아뭉개진 채 흐물흐물 아버지 일으켜 부축해 나오면서 아! 주막이 폭파되길 얼마나 바랐는지 이리 저리 어깨 네 개 걸어가는 신작로가

하염없이 길고 길어, 뒤에서는 복숭아꽃 살구꽃들이 둥글게 피어, 안개 뭉치처럼 우리들을 떠밀고 있어 얼마나 화딱지가 나던지

—「복숭아꽃 살구꽃」 전문

아낙 몇이서 잡풀 뽑고 있다
무궁화 주둥이 하얗게 벌어진 꽃그늘 아래
앉은걸음 치는 엉덩이 피곤해 보인다
진딧물 한가득 들러붙어 꽃의 진액을 빠는지
거적처럼 둘러쓴 흰 꽃받침대가 야위어
시들하다
나도 저렇게 들러붙을 어머니가 있어 진액을 빨았던가
끝물에 태어나 암죽을 먹었다는데
홀쭉한 젖무덤 원망깨나 한, 못된 짓만 했다는데
어머니를 보내는 며칠 전 누운 등허리 속으로 손을 넣다 알았다
칠피처럼 말랐다는 것을
그 마른 속속들이 흰 종이꽃을 바치고는 내 죄의 탕감을
지금껏 빌고 있는데
땡볕에 들어나는 아낙의 등이 봉긋한 무덤 같아
대낮의 순간이 참 길다

—「무궁화, 무궁화」 전문

이 시편들의 제재는 모두 다 식물 심상이라는 공통점이 있다. 그것도 '복숭아꽃, 살구꽃' 또는 '무궁화꽃' 처럼 일상적이고 진부한 소재에 가깝다. 무엇보다도 이러한 식물적 이미저리들은 전통 서정시에서 즐겨 취택하던 제재이고 소재들이 아니던가.

그런데도 정 시인의 시에는 의외로 식물적인 제재, 소재들이 다수 등장하여 하나의 상상력 체계를 이루고 있는 점이 주목된다. 그러나 그가 이러한 식물적 상상력을 구사하는 방법은 기존의 것들과는 사뭇 다르다는 점을 쉽게 알 수 있다. 그의 시편들에서는 그러한 식물 상상력이 바로 인간적인 생의 탐구로 연결돼 있다.

앞의 시에서 '복숭아꽃 살구꽃' 은 일상적인 삶의 한 환유에 해당한다. 지난 시절의 회상, 즉 술꾼이던 아버지와의 추억을 모티브로 하여 생의 권태로움, 지리함, 지겨움, 상투성, 역겨움 등을 표출하고 있기 때문이다. 밥과 일상생활, 술과 아버지라는 상식적, 상투성이 환기하는 참을 수 없는 진부함과 속물성이 시의 화자로 하여금 "아! 주막이 폭파되길 얼마나 바랐는지 (…중략…) 얼마나 화딱지가 나던지" 라는 구절에서 볼 수 있듯이 일상에 대한 좌절감 또는 생에 대한 절망감을 드러내게 만들고 있는 것이다. '내내 자갈을 찼던 것/ 자꾸 고것들이 발을 붙드는 것/ 아버지 모자는 아무렇게나 찌그러져 처박혀 있는데/ 이리 비틀 저리 비틀 걸어가는 신작로가 하염없이 길어' 라는 구절들 속에는 그러한 생의 좌절과 절 망감이 깊게 드리워 있는 것으로 해석되기 때문이다. 특히 "뒤에서는, 복숭아꽃 살구꽃들이 둥글게 피어, 안개뭉치처럼 우리들을 떠밀고 있어 얼마나 화딱지가 나던지" 와 같이 식물 심상들은 생의 감정들을 촉발하고 완화해 주는 촉매로서 작용하고 있다는 점에서 시인의 식물 상상력의 개성과 특수성을 확인할 수 있다.

앞의 시가 복숭아꽃, 살구꽃의 심상으로 아버지의 술 취한 한 생애에 드리운 그늘, 즉 습관화된 일탈과 모순성, 양면성을 묘파하고 있다면, 뒤의 시는 무궁화꽃으로 어머니의 고된 일상과 지루한 한 생애를 묘파하면서 그에 대한 그리움과 속죄의 심정을 표출하고 있어서 관심을 끈다.

"아낙 몇이서 잡풀 뽑고 있다/ 무궁화 주둥이 하얗게 벌어진 꽃그늘 아래/ 앉은걸음 치는 엉덩이 피곤해 보인다"라는 구절 속에는 고달프게 살아가는 이 땅의 아낙네들, 어머니의 모습이 얼비쳐져 있다. 그런데 뒤이어 "진딧물 한가득 들러붙어 꽃의 진액을 빠는지/ 거적처럼 둘러쓴 흰 꽃받침대가 야위어/ 시들하다"라는 구절이 호응되어 한세상 온갖 시련과 간난으로 살아온 어머니 삶의 속아픈 그늘이 암시되고 있는 것이다.

이어서 그 시상들을 "나도 저렇게 들러붙은 어머니가 있어 진액을 빨았던가/ 그 마른 속속들이 흰 종이꽃을 바치고는 내 죄의 탕감을/ 지금껏 빌고 있는데"라는 구절로 응집시키면서 어머니의 고달픈 한 생애를 되새김질하고 속죄와 참회의 심정을 표출하고 있는 것이다. '무궁화'의 끈질긴 생명성과 인내심을 표면장력으로 활용하면서 어머니의 생을 탐구하고 보편적인 생의 본질을 꿰뚫어보려 한 점에서 의미를 지닌다는 뜻이다.

5. 비관적 생의 인식과 불교적 세계관

정하해 시인이 세상을 바라보는 시선은 기본적으로 비관적인 생의 인식을 바탕으로 한다. 달리 말해서 불교적인 세계관이 인식의 근저에 자리 잡고 있다는 뜻이 될 것이다. 그만큼 그의 시집에는 불교적 사유 또는 불가적인 상상력이 관류하고 있음을 살펴볼 수 있다.

> 거기에는 꽃살무늬가 있다, 그걸 가꾸는 일이 고된지 부처 는 앉아서 절을 받는다 우리가 올리는 절 공양은 나무목단꽃에게 보냈는지 색이 절창하게 깊다 그래서 궁금해 물어봤다, 묻지 말라는 듯 먼 데 산을 집어 드는 부처
>
> 꽃과는 상관없이 붉어진 문살에, 가만히 부처 손 얹어 놓고 그 위 나를 잠시 바쳤다가, 그렇게 꽃을 빠져나오는 바람처럼 대웅전 나서는데
>
> 쟁그랑 내 몸에 운판 닿는 소리 생에 우레 들었다, 부위마다 떼어 보시하고 싶다던 조금 전 말이, 뻔하다는 걸 안다는 듯, 아득하고 어지러워라 아직은 사람의 몸을 빌려 산다는 너라는 것 깜빡했었다
>
> —「깜빡」 전문

> 동짓날 환승사 부처는 출타하고/ 눈발만 거세다/ 그냥 돌아와 아랫목 이불 들추는데/ 틀림없는 와불이다/ 점점씩 흘려 놓은 공양물들/ 천연덕스럽게 법문을 설파하고

있는/ 눈꺼풀 안으로/ 말 듯, 말 듯한 눈알 두 개 부드럽다/ 어느 중생을 구제하는 중인지/ 아랫도리 다 젖도록,/ 그 젖은 가사를 벗겨 낸다/ 앞뒤 굴려 가며 닦아 내다/ 말씀 빠져 나가 파인 곳에 한 수저/ 물을 바치고 난 후/ 귀퉁이 앉아 한 말씀 듣다 잠깐 졸았던 것/ 뿐인데/ 떠나고 없다/ 오! 저 법구 벗은 채로

—「부처를 찾습니다」 전문

인용시에는 이러한 불가적 사유 또는 불교적 세계인식이 짙게 깔려 있다.

앞의 시에서 '부처/절 공양/대웅전/운판/보시' 라는 시어들이 단적인 그 표현이며, 뒤 시에서 '환승사/부처/보시/공양물/법문/중생/구제/공양주/가사' 와 같은 시어들이 그러한 세계인식의 일단을 보여 주는 예가 된다. 그만큼 그의 시와 사유방식이 불교적 세계인식 또는 불교적 상상력에 뿌리를 두고 있다는 점을 말해 주는 증좌들이라고 하겠다. 특히 "부처는 앉아서 절을 받는다/ 묻지 말라는 듯 먼 데 산을 집어 드는 부처/ 꽃을 빠져나오는 바람처럼 대웅전을 나서는데/ 내 몸에 운판 닿는 소리 생에 우레 소리를 들었다/ 어지러워라 아직은 사람의 몸을 빌려 산다는 너라는 것을 깜빡했었다"라는 구절들 속에는 불가적 사유로서 공안 또는 화두의 제시를 통해 생의 인식과 세계를 수용하는 사유방식을 엿볼 수 있어서 관심을 환기하는 것이다.

달이 컹컹 짖는 밤

부처를 느끼고 싶어 거기 들었지만
만나기가 쉽지 않다
얼굴에 떨어지는 빛의 점자
신기하지 온통 반점 일어 몸이 꽃밭이야

달빛을 나누어 가졌으나 나무속은 캄캄해서 도무지 통할 수가 없다
어머닌 홍역하다 놓친 꽃들 때문에
복장에 절 한 채 실었었다
수제비 뜨듯 간을 뜯어 그것 먹여 살렸었다

누구도 열어 보았다는 말 들은 적 없다
다만, 때가 되면
꽃들만 수욱 내밀어 보인다는 것
외는, 그리하여
절 앞의 저 목백일홍
오래도록 달이 가두어 놓는 일에

나는 속없이 절창이라
기뻐하나

—「목백일홍」 전문

이 시에서도 세계를 보는 시인의 눈은 기본적으로 불교적 사유에 뿌리를 두고 있으며 그 결과 그의 시적 상상력은 불교적 세계관을 바탕으로 전개되고 있음을 확인할 수 있다. 그만큼 불교적 사유와 상상력은 정하해 시의 세계인식과 시적 전개에서 구조적 견인력으로 작용하고 있다는 뜻이 되겠다.

6. 맺음말: 시의 배가본드를 위하여

그러고 보면 정하해의 기본적 세계인식은 불교적 사유와 식물적 상상력 그리고 시니컬한 비관적 생의 인식을 내용으로 하고 뒤집어 보기 또는 낯설기 하기로써 발견의 시학을 표현 방법론으로 하고 있음을 알 수 있다.

이러한 낯설게 하기 또는 뒤집어 보기로써 발견의 시학은 때로 지나친 몰두와 집착으로 인해서 난해성 또는 애매모호성을 유발하기도 하는 것이 사실이다. 그러나 이러한 특성은 동시에 그의 시를 새롭게 해주고 창조적 · 주체적으로 만들어 주는 동력으로 작용하기도 한다.

검은 하늘에 노닥거리는 참새 배꼽들 아래
흰 털을 본 적 있니

종아리부터 껴안는 바람의 사발 같은 젖무덤
느껴 본 적 있니

꽃히는 장대비 그 가랑이 단단한 것
오랫동안 훔쳐 본 적 있니

입추를 건너간 너라는 것에
드디어 발정의 문자메시지가 뜨는 걸

포착한 적 있니

어떤 질문을 까도 마음이 문맹인 걸
고칠 생각이나

해 봤니

—「동문서답」 전문

그의 어느 시편을 보더라도 거기에는 난해하리만큼 새로운 표현법이 제시됨으로써 독자들을 당황하게 만든다.

바로 그것이다! 정하해 시인은 일상의 감옥으로부터, 관습적인 인식과 표현들에 대한 반역의 정신을 통해서 새로운 인식의 세계를 꿈꾸는 것이 특징이다. 이러한 반역과 일탈을 통해서 시인은 삶의 감옥에서 탈출하여 자유에의 길, 새로운 정신의 낙원을 찾아 나서고자 하는 것이다. 그러한 반역과 순례의 길에서 그는 오늘도 여전히 고뇌하고 갈등하며 방황하는 배가본드로서 정신의 탐험가를 꿈꾸고 지향해 가고 있는 모습일시 분명하다.

이제 다시 정 시인은 정신과 표현의 오지로 새로운 탐험여행을 떠나야 할 것이다. 이제는 표현성에 너무 얽매이지 말고 평이한 표현 속에 깊은 생의 탐구와 높은 정신을 형상화하는 쪽으로 그의 시가 진전돼 갈 것을 희망한다.

시인 정하해 鄭河海

포항 출생
2003년『시안』으로 등단
시집으로『살꽃이 피다』가 있음

E-mail: acusu@hanmail.net

깜빡

지은이 | 정하해
펴낸이 | 김재돈
펴낸곳 | 도서출판 시와시학
1판1쇄 | 2010년 11월 10일
출판등록 | 2010년 8월 10일
등록번호 | 제2010-000036호
주소 | 서울 종로구 명륜동1가 42
전화 | 744-0110
FAX | 3672-2674

값 8,000원

ISBN 978-89-953432-6-5 03810